Trabalho
e Consumo

Dados Internacionais de Catalogação na Publicação (CIP)
(Câmara Brasileira do Livro, SP, Brasil)

Trabalho e consumo / coordenação Maria Aparecida
Baccega. – São Paulo : Ícone, 2000. – (Coleção
temas transversais)

Vários autores.
ISBN 85-274-0621-7

1. Consumo (Economia) 2. Trabalho 3. Trabalho –
História I. Baccega, Maria Aparecida. II. Série.

00-3313   CDD-331

Índices para catálogo sistemático:
1. Trabalho e consumo : Economia   331

*Regina Ap. Cirelli Ângulo, Marcelo Nunes Mestriner,
Silvana Arena de Carvalho, Aloísio dos Santos Brisante
e Renata Maria Cortez da Rocha*

Trabalho e Consumo

COLEÇÃO TEMAS TRANSVERSAIS

**Coordenação:
Prof[a] Dra. Maria Aparecida Baccega**
- Professora Associada da Escola de Comunicações e Artes da Universidade de São Paulo
- Diretora Editorial da Revista Comunicação e Educação
- Coordenadora do Curso de Pós-Graduação *Lato Sensu* Gestão de Processos Comunicacionais
- Ministra aulas em nível de Graduação e de Pós-Graduação

Ícone
editora

© Copyright 2000.
Ícone Editora Ltda

Coordenação Editorial
Maria Marta Jacob

Capa e Diagramação
Andréa Magalhães da Silva

Revisão
Profᵃ Dra. Maria Aparecida Baccega
Maria Marta Jacob

Proibida a reprodução total ou parcial desta obra,
de qualquer forma ou meio eletrônico, mecânico,
inclusive através de processos xerográficos,
sem permissão expressa do editor
(Lei nº 5.988, 14/12/1973).

Todos os direitos reservados pela
ÍCONE EDITORA LTDA.
Rua das Palmeiras, 213 – Sta. Cecília
CEP 01226-010 – São Paulo – SP
Tel./Fax.: (011)3666-3095

Os Autores

• REGINA APARECIDA CIRELLI ANGULO
Graduada e licenciada em Português e Francês
pela Faculdade de Filosofia, Ciências e Letras da
Universidade Estadual Paulista – UNESP – de Araraquara (SP). É mestre em Literatura Brasileira pela
mesma Universidade, em São José do Rio Preto
(SP). Atualmente é professora de Língua Portuguesa no Centro Universitário Moura Lacerda e no
Liceu Albert Sabin, ambos em Ribeirão Preto (SP).

• MARCELO NUNES MESTRINER
Formado em Biologia pelo Centro Universitário
Barão de Mauá, em Ribeirão Preto (SP). Cursou
especialização em Biologia Evolutiva pela Universidade de Franca. Atualmente é professor de Ciências no ensino fundamental do Liceu Albert Sabin,
de Biologia no ensino médio no Colégio Carlos
Chagas Filho – Anglo e de Paleontologia e Prática
de Ensino no Centro Universitário Barão de Mauá,
todos em Ribeirão Preto (SP).

• SILVANA ARENA DE CARVALHO
Formada pela Faculdade de Ciências – Matemática
das Faculdades Claretianas da UNICLAR, em
Batatais (SP). É titular de Matemática da Organização Educacional Albert Sabin (Ribeirão Preto,
SP), onde leciona para o ensino fundamental e médio. Atualmente desenvolve trabalho de pesquisa
na área de Matemática Aplicada e Jogos.

- **ALOÍSIO DOS SANTOS BRISANTE**
Formado pela Universidade Estadual Paulista – UNESP de Assis, Professor de História Geral. Trabalha nas sétimas e oitavas séries do ensino fundamental e primeira do ensino médio no Liceu Albert Sabin (Ribeirão Preto, SP) e no ensino médio do Colégio Prof. Geraldo Rodrigues (Orlândia, SP).

- **RENATA MARIA CORTEZ DA ROCHA**
Licenciada em Letras e Pedagogia. Cursou especialização em Língua Portuguesa e Lingüística, ambos no Centro Universitário Barão de Mauá, em Ribeirão Preto (SP). Leciona Língua Portuguesa e Técnicas de Redação no Centro Universitário Barão de Mauá e Língua Portuguesa e Literatura no Liceu Albert Sabin, ambos em Ribeirão Preto (SP).

Sumário

Apresentação 9

O homem: trabalho e consumo 11

Vida: receita e despesa 21

O trabalho e o meio ambiente 27

Novos rumos para o ensino da Matemática 39

História e trabalho 53

Trabalho e consumo 71

Bibliografia 77

APRESENTAÇÃO

Estamos entregando a coleção *Temas Transversais*, que objetiva colaborar com professore(a)s e aluno(a)s na operacionalização dessas temáticas. A coleção se compõe de 6 volumes: Meio Ambiente, Saúde, Trabalho e Consumo, Ética, Pluralidade Cultural e Orientação Sexual.

Segundo os Parâmetros Curriculares Nacionais, é importante que "esses temas sejam tratados de maneira articulada com as matérias curriculares. Desta maneira, procura-se que estejam presentes em todas as áreas, estabelecendo uma relação entre os conteúdos clássicos e as questões da atualidade". Como se vê, não se trata de mais um conteúdo a ser ministrado e sim de um *modo de fazer* que possibilite efetivamente formar cidadãos que carreguem por toda a vida valores e comportamentos que beneficiem a coletividade, beneficiando a cada um.

Escrito por professore(a)s que militam em sala de aula em diferentes disciplinas, cada volume é constituído por pequenos textos que fornecem algumas orientações sobre o tema e por um grande número de atividades, envolvendo as várias áreas do saber. Consideramos que, desse modo, podemos nos incorporar ao cotidiano da escola.

Por outro lado, moveu-nos o objetivo de dar inteira liberdade ao(à) aluno(a), procurando redigir um texto para ele(a), ou seja, um texto que ele(a) entende e a partir do qual ele(a) próprio(a) trabalhará e criará outras propostas, de acordo com a realidade na qual a escola está situada. Ao(À) professor(a), caberá a indispensável e insubstituível orientação.

Nesse jogo, que tem que ser alegre e produtivo, nós pretendemos apenas dar a partida.

Maria Aparecida Baccega

O HOMEM: TRABALHO E CONSUMO

Regina A. C. Ângulo

O AÇÚCAR

O branco açúcar que adoçará meu café
Nesta manhã de Ipanema
não foi produzido por mim
nem surgiu dentro do açucareiro por milagre

Vejo-o puro
e afável ao paladar
como beijo de moça, água
na pele, flor
que se dissolve na boca. Mas este açúcar
não foi feito por mim

Este açúcar veio
da mercearia da esquina e tampouco o fez o Oliveira,
dono da mercearia.
Este açúcar veio
de uma usina de açúcar em Pernambuco
ou no Estado do Rio
e tampouco o fez o dono da usina

Este açúcar era cana
e veio dos canaviais extensos
que não nascem por acaso
no regaço do vale

Em lugares distantes, onde não há hospital
nem escola,
homens que não sabem ler e morrem de fome
aos 27 anos
plantaram e colheram a cana
que viraria açúcar.

Em usinas escuras,
homens de vida amarga
e dura
produziram este açúcar
branco e puro
com que adoço meu café esta manhã em Ipanema

GULLAR, Ferreira. *Toda poesia.* Rio de
Janeiro: Civilização, 1980. pág. 227-8.

Trabalho

O poema de Ferreira Gullar nos encaminha
para uma reflexão. Quantas vezes, degustando aquela
deliciosa sobremesa ou arrematando nossas refei-
ções com um delicioso cafezinho, nos questionamos
a respeito do custo humano dessa sacarose cristali-
na, incolor? Será que aquele homem analfabeto de
curta vida amarga que colheu a cana pode consumir o açúcar quando necessitar ou desejar?

Nossas necessidades e desejos, para serem sa-
tisfeitos, dependem de poder consumir produtos e
serviços que são frutos do trabalho humano. O açúcar, por exemplo, é resultado de transformações realizadas num produto natural, cana-de-açúcar e be-

terraba principalmente, que, por sua vez, precisou ser cultivado em terra apropriada e preparada, colhido, processado, embalado, distribuído e comercializado. Além disso, para consumi-lo, é indispensável o poder (moeda, dinheiro) de comprá-lo, independentemente do desejo ou da necessidade. No entanto, o contexto em que essas transformações se dão é tão complexo e desigual que não raramente os trabalhadores acabam sendo excluídos do consumo do produto do seu trabalho, por não possuírem poder de compra.

Por outro lado, observamos que, ao longo do tempo, o trabalho humano, ao se organizar, acaba por transformar, além da natureza, o homem, a sociedade e o próprio trabalho, permitindo, portanto, que situações contraditórias e injustas, como a descrita acima, não se perpetuem.

Notamos também que cada sociedade, em diferentes lugares e em diferentes momentos, ao criar formas diversas de divisão e organização do trabalho, interferiu no valor a ele atribuído.

Dessa forma, às vezes o trabalho é exaltado, como nos momentos em que a sociedade precisa produzir mais e há escassez de mão-de-obra, e, outras vezes, considerado de forma crítica ou até mesmo desprezado, como aconteceu há 2.500 anos na Grécia pela elite pensante que admitia e justificava o trabalho escravo que a sustentava.

Para atuarmos de forma crítica sobre essa realidade tão complexa é preciso refletir para, principalmente, perceber que nada é imutável, nem mesmo as palavras que usamos para nomear o que nos rodeia.

A própria palavra *trabalho*, por exemplo, foi adquirindo, ao longo de sua existência, significados vários, incorporando nuances novas ao seu significado primitivo. Deverbal de trabalhar, do latim vulgar **tripaliare*, "martirizar com o *tripaliu*" (instrumento de tortura), evoluiu de prática degradante para atividade virtuosa, uma vez que se passou a conceber o trabalho como uma atividade de realização pessoal, aquela que faculta o desenvolvimento das capacidades física e intelectual, estimulando a convivência positiva com pessoas.

Por outro lado, chegou até nossos dias revestido de nobreza, já que permite ao ser humano ser solidário, pois, exercendo atividades socialmente úteis, contribui na produção de bens e serviços para a população global. Neste sentido, o trabalho humano passou a ser parte essencial dos direitos e deveres de todos. No entanto, com a chegada da era da informação, a substituição crescente do homem pela máquina nos obriga a repensar o papel desempenhado pelos seres humanos nas relações sociais. O desemprego maciço, conseqüência de políticas econômicas aliadas à reestruturação administrativa e introdução de novas tecnologias de racionalização do trabalho, inaugura uma fase na história do mundo que, possivelmente, nos obriga a repensar o valor das pessoas diferentemente do valor adquirido no mercado de trabalho. Num mundo cada vez mais automatizado, será preciso redefinir o valor humano e os relacionamentos sociais.

Consumo

O termo consumo, por sua vez, parece acompanhar, na sua evolução semântica, coincidentemente, uma trajetória similar à do termo trabalho. Com significados originalmente negativos [deverbal de consumir, do latim *consumere*, "gastar ou corroer até a destruição", "devorar", "extinguir", "destruir"; "aniquilar", "enfraquecer", "afligir"], consumo adquiriu sentidos cada vez mais positivos, evoluindo de atividade condenável (consumpção era usado em Patologia para designar a tuberculose, doença que "consumia" o organismo, produzindo definhamento progressivo e lento) para prática cada vez mais incentivada. O fenômeno do consumo de massa é fruto de uma decisão da comunidade empresarial de modificar a psicologia dos trabalhadores – até então voltada para o futuro –, cultivando mais a capacidade de consumir do que de confeccionar coisas. A prosperidade econômica passou a depender cada vez mais do ritmo do consumo que devia acompanhar a produtividade. Tem início neste momento uma nova missão para os negócios: deixar o consumidor descontente com o que possui, persuadindo-o a comprar, principalmente o supérfluo, acelerando o ritmo do consumo a fim de acompanhar a produtividade cada vez maior. Ganha nova importância o *marketing*, levando os anunciantes a transformar o luxo em necessidade, atribuindo *status* ao poder de compra. Nascem as marcas, as etiquetas, personalizando embalagens que passam a condicionar bens de consumo que até então eram vendidos a granel. Para o consumidor assalariado e não raramente desempregado, criam-se as vendas a crédito, levando-o ao endividamento eterno das compras a prestação. Nasce o serviço de proteção ao consumidor, encarregado de orientar o comprador incauto, prevendo punições para comerciantes desonestos. Esses dados, quando considerados no contexto da sociedade brasileira, ganham cores dramáticas, se considerarmos "os quase 32 milhões de brasileiros que vivem na miséria absoluta, e os quase 67 milhões que vivem na linha da pobreza" (Moura, 1998), com renda mínima mensal que atende somente às necessidades básicas individuais ou, às vezes, nem isso. A distribuição da riqueza em nosso país só intensifica esse quadro injusto, excluindo milhões de pessoas do acesso aos bens e serviços básicos de consumo, que é um direito fundamental de cidadania.

Profissão e emprego

Paralelamente, nesse atual momento, a formação de novos profissionais requer um ritmo de inovação jamais experimentado, pois na era da informação o conhecimento se renova em proporções desconhecidas e talvez a melhor defesa do emprego resida na aprendizagem permanente com constante renovação de dados, informações, teorias.

Para muito poucos jovens brasileiros essa necessidade é satisfeita, uma vez que a informação e formação oferecidas pela maioria das escolas estão distantes da realidade contemporânea e, portanto, do mercado de trabalho. Fornecendo informações ultrapassadas e às vezes inúteis, a escola parece não ser mais capaz de formar o cidadão e habilitar o jovem a se manter empregado.

A visão de mundo estruturada em função do conceito do trabalho e orientada para o mercado parece estar sendo alterada de modo fundamental, gerando desequilíbrios, frustrações, visíveis num crescente comportamento anti-social, fazendo-nos associar o desemprego intensificado com a crescente incidência do crime e da violência em todo o mundo.

A construção da cidadania depende da democracia que, por sua vez, não prescinde da justiça e da igualdade de condições dignas de vida. Excluir um único ser humano do acesso aos bens e serviços básicos de consumo compromete a construção da nossa democracia e da nossa cidadania. E é nas relações trabalho/consumo que se evidenciam de forma clara as desigualdades e as injustiças.

É preciso interferir nessa situação, encontrando soluções rápidas e eficazes, com atenção especial para outras mudanças que se apresentam. Enquanto o emprego tende a escassear num mundo cada vez mais automatizado, não conseguimos visualizar uma vida sem a prática do trabalho. Essa dificuldade advém principalmente da supervalorização do trabalho disseminada por todos os extratos sociais, valorizando os indivíduos segundo sua capacidade de "vencer/fracassar na vida" pela atividade considerada produtiva. O consumo desenfreado também ganha matizes de atividade que despersonaliza, devendo ser considerado com olhos cada vez mais críticos, já que impede o ser humano de ser ele mesmo, tornando-o um mero reprodutor do que está na moda. Algumas tentativas para solucionar esses problemas já foram esboçadas, como redução da jornada de trabalho, desenvolvimento de projetos de renda mínima, seguro desemprego e outros. São tentativas, contudo, de eficácia discutível e que não se apresentam como definitivas, principalmente porque excluir o ser humano da atividade do trabalho é questão de natureza existencial, já que relega o indivíduo à marginalidade em todos os sentidos.

Terceiro setor

Por outro lado, alguns especialistas apontam para uma solução que tem encontrado ressonância principalmente entre os jovens, defendendo as iniciativas do chamado terceiro setor (conjunto de iniciativas particulares, sem fins lucrativos, com um sentido público). Assim, as formas tradicionais de ajuda mútua (atividades assistenciais e beneficentes), os movimentos sociais e associações civis (associações de bairro, grupos feministas), filantropia empresarial (fundações ligadas a empresas privadas) e ONGs (organizações não-governamentais) poderiam trazer solução para boa parte dos problemas que os setores tradicionais (o público, primeiro setor; o privado, segundo) estão sendo incapazes de resolver. A descrença pelo poder público fez com que muitos jovens descobrissem que podem fazer alguma coisa para melhorar a qualidade de vida em seu bairro, em sua cidade ou até no país. Pessoas passam então a assumir tarefas públicas que antes deveriam ser praticadas somente pelo governo. Uma experiência interessante é relatada pelo Folhateen, 7-1 (*Folha de S. Paulo*, 26/07/99). Na tentativa de amenizar o desemprego da periferia da região noroeste de São Paulo, três estudantes de Ciências Sociais da Universidade de São Paulo criaram a ONG Napes (Núcleo de Ação e Pesquisa em Economia de Solidariedade), tentando combater o desemprego por meio da chamada economia solidária. Reestruturando algumas iniciativas já existentes, aglutinaram 12 projetos, sendo um deles uma bem sucedida cooperativa de artesanato comunitário que produz brinquedos educativos.

O trabalho voluntário existe no Brasil há séculos, porém sempre atrelado a políticas do estado e à ação social da Igreja. Uma das principais lideranças nessa nova corrente de trabalho solidário foi exercida pelo sociólogo Herbert de Souza (1935-1997) que, em 1993, conseguiu coordenar o trabalho de 30.000 voluntários, arrecadando 500 mil toneladas de alimentos. Desde então germinaram instituições independentes do Estado que buscam, em parceria com o setor privado, recursos para manter suas atividades. Ultimamente, essas organizações sem fins lucrativos passaram a contratar profissionais qualificados da iniciativa privada a fim de tornar mais eficiente sua administração. Outro dado significativo é o fato de ser o contato humano indispensável e insubstituível nesse setor, impedindo assim a destruição de postos de trabalhos pela intromissão de novas tecnologias.

Como vemos, refletir sobre nossa realidade é também uma forma de desenvolver capacidades que ajudam a compreender nossa condição de cidadão trabalhador-consumidor, para uma atuação responsável. Por essa razão vamos propor, nas páginas seguintes, algumas atividades reflexivas que favoreçam a prática de atitudes de respeito e cooperação para o exercício dos direitos e das responsabilidades de cada um, a fim de que possamos influenciar nas condições mais gerais da vida social.

VIDA: RECEITA E DESPESA

Regina A. C. Ângulo

Você sabe que custo tem a vida que leva? Já fez as contas para saber quanto dinheiro é necessário para suprir suas necessidades básicas? E aquele desejo que lhe bate de repente? Sabe o quanto ele representa no orçamento? Pois bem, vamos calcular as suas receita e despesa. Com a ajuda de pessoas mais acostumadas a lidar com essa prática, você saberá exatamente do quanto necessita para viver. Vamos trabalhar? Seria interessante se sua turma fosse dividida em grupos, pois assim todos participariam e o trabalho ficaria muito mais interessante.

Atividade I:
Descobrindo a receita

GRUPO 1

Pesquise para saber qual é o valor do salário mínimo atualmente no Brasil. Faça um relatório com todas as informações referentes ao salário: se ele é suficiente, o que se pode comprar com ele, se uma família – pai, mãe, dois filhos – consegue comer, vestir-se, morar, ter educação e saúde com esse salário.

GRUPO 2

Descubra como surgiu a palavra salário. De onde ela veio? Seu significado evoluiu no tempo? Faça um cartaz e traga para a sua turma.

GRUPO 3

Faça uma pesquisa no seu bairro para saber quais os trabalhadores que recebem um salário mínimo pelo trabalho que desenvolvem. Pergunte e anote quais são essas profissões. Pergunte também se esses trabalhadores têm registro em carteira, se sofrem algum tipo de desconto no salário ou se recebem algum adicional. Organize os dados recolhidos para expor para sua turma.

GRUPO 4

Fale com sua família para conseguir uma cópia xerográfica de uma carteira de trabalho (esse documento é muito importante, por isso evite usar o original) e prepare um roteiro explicativo de como ela se organiza para registrar os dados do trabalhador; procure explicar também qual é a importância dos dados nela registrados. Enfim, mostre para que serve a carteira de trabalho. Para obter essas informações, fale com seus pais, seus avós, seus professores e outros adultos da sua comunidade. Eles certamente poderão ajudar.

Atividade II:
O dia-a-dia do consumo

1. Vamos, agora, calcular o seu consumo diário. Escolha um dia da semana para anotar tudo o que consome desde a hora em que se levanta até à hora em que dorme. Com a relação de tudo o que você consumiu em um dia fica fácil veri-

ficar o consumo do mês: basta multiplicar por 30 e você terá o custo individual mensal.

2. Não se esqueça de acrescentar o consumo da água, luz elétrica, telefone e outros gastos como aluguel, por exemplo. Para isso, pegue as contas e recibos e divida o total pelo número de componentes da família para calcular a despesa individual. Calcule também as despesas com vestuário, material escolar e transporte. Leve para a sala de aula.

3. Junte-se aos demais membros do seu grupo. Montem painéis, relatórios, façam os cálculos. Ao final da atividade, seria interessante comparar as necessidades individuais para constatar se há significativa variação de cada um dos membros do grupo e entre os grupos e levantar hipóteses para explicar as diferenças.

4. Numa segunda etapa, cada grupo escolhe algum produto essencial da lista para verificar o caminho que percorreu desde o momento em que começou a ser modificado pelo trabalho do homem até chegar ao ponto de ser consumido, destacando-/se todos os trabalhadores envolvidos no processo.

5. Essa atividade poderá ser arrematada com a produção de um poema que, à semelhança do de Ferreira Gullar que se encontra na introdução deste volume, presta uma singela homena-

gem a um anônimo trabalhador que contribui para o nosso bem-estar.

Atividade III:
As despesas do mês

1. Agora que você já sabe o que precisa consumir, vamos calcular a despesa do mês. Como nas atividades anteriores, agrupem-se e distribuam as tarefas. Vocês poderão:
   - apurar a média dos preços de cada produto consumido;
   - calcular os gastos mensais referentes às necessidades individuais;
   - discutir a variação de preços e de qualidade;
   - entrevistar consumidores variados, para pesquisar as razões da preferência por determinados produtos ou marcas;
   - estudar a legislação vigente no que diz respeito à embalagem do produto colocado à venda e analisar as embalagens e as etiquetas para comprovar se atendem à legislação;
   - observar as propagandas de determinados produtos e analisá-las criticamente;
   - informar-se sobre os direitos dos consumidores a fim de constatar se são respeitados.

2. Cada grupo de alunos deverá elaborar relatório sobre os itens que ficaram sob sua responsabilidade e apresentá-lo à classe.

Atividade IV:
Consumo – receita e despesa

1. Você tem muitos desejos? Quanto custa satisfazê-los? Você tem dinheiro suficiente?

   Agora, anote, no decorrer de um dia, todas as vontades que não puderam ser satisfeitas, uma vez que ultrapassavam as possibilidades de despesas contidas no seu orçamento. Monte um cartaz com todos os objetos desejados e traga para a turma.

   Oral e individualmente, tente:

   • contar por que se sentiu atraído pelo produto, reconhecendo a força dos apelos veiculados pelas propagandas;

   • mostrar a necessidade ou não de satisfazer a sua vontade;

   • dialogar com os colegas sobre a diversidade ou uniformidade constatada;

   • aproveitar para discutir com a sua turma se é justo o fato de apenas alguns poderem satisfazer desejos e vontades de consumir;

   • debater com os colegas em busca de estratégias para exercer com responsabilidade seu papel de consumidor consciente.

2. Produza, para arrematar todas essas atividades, um texto escrito, imaginando como seria nossa vida se a riqueza produzida socialmente fosse distribuída de forma diferente.

   Imagine como seria, nesse novo mundo, a satisfação de nossas necessidades e desejos.

Leia para a turma sua redação e as mais apreciadas poderão compor um mural para serem lidas por outras pessoas.

O TRABALHO E O MEIO AMBIENTE

Marcelo Nunes Mestriner

Quando pensamos em trabalho logo nos vem a idéia do nosso esforço para realizá-lo ou do tempo que vamos gastar executando essa atividade, o que revela uma visão um tanto egoísta, pois nos viramos sempre para nós mesmos; se envolver dinheiro ou nota, aí sim que *o eu mesmo* fala mais alto. Antes de continuarmos esse "papo" vamos tentar definir o que é *trabalho*.

Trabalho pode ser entendido como o resultado de uma ação sobre o meio, modificando-o de forma a trazer algum tipo de benefício a quem executa essa ação. Veja que nessa conceituação aparecem os termos ação, meio, modificação e benefício. As preocupações humanas: esforço, tempo e valorização não entram nesse conceito, não por não serem importantes, mas porque o sentido da palavra é mais amplo e abrangente e não visa só ao nosso "umbigo". Essa visão humana do que seja trabalho tem contribuído para uma postura individual, onde o que interessa é o benefício próprio, sendo ignoradas as modificações impostas ao meio.

Em um trabalho estão sempre envolvidos: a mão-de-obra, a matéria-prima, as ferramentas, o produto e os resíduos. Esse trabalho pode ser algo muito complexo como a produção de um automóvel em uma linha de montagem ou até a execução de uma atividade proposta de matemática: nesse caso a mão-de-obra é o aluno, a matéria-prima é o seu conhecimento, as ferramentas são lápis, borracha, papel, etc., o produto é o próprio trabalho e os resíduos são o excesso de grafite do lápis, as raspas de borracha, as tiras de madeira do lápis apontado, as unhas roídas, etc.

Veja que nos preocupamos, antes de realizarmos o trabalho, basicamente, com as longas duas horas "perdidas" para executá-lo e com o esforço mental e físico para sua realização. Após a execução, somente nos preocupamos com a entrega e a valorização (nota) dada ao produto do *nosso esforço*.

Imagine agora, se, após a entrega do trabalho, nós recebêssemos a seguinte avaliação:

Avaliação

1. De onde veio o lápis e o papel utilizados durante a execução do trabalho?
2. De onde veio a borracha utilizada?
3. Para onde foram os restos de grafite, borracha e tiras de madeiras dos lápis?
4. Quantos trabalhos, desse tipo, foram realizados pelos colegas de sua sala durante o ano ? E da sua escola?
5. Quanto tempo o resíduo do seu trabalho leva para ser reciclado na natureza?
6. Quanto a sua sala colabora, com resíduos, para os problemas ambientais de sua cidade ou localidade?

Nós poderíamos colocar mais uma série de questões que teriam relação com o trabalho e que nós, até aqui, não teríamos condições de responder, porque infelizmente não pensamos nessas questões durante nossas atividades diárias. No fato analisado, ou seja, a realização de um trabalho de Matemática, a produção de resíduo de sua escola é preocupante mas não alarmante, porém se pensarmos em todas as escolas da cidade, ou do país, se somarmos as secretarias das escolas, as repartições públicas, os escritórios de contabilidade e entidades que usam recursos semelhantes, podemos nos julgar um pouco culpados por algumas enchentes, não é mesmo?

Não é gostoso se sentir assim, e é por isso que estamos aqui lendo esse livro e tentando de alguma forma não estar alheios a esses problemas. É muito cômodo deixar que alguém faça alguma coisa para nos livrar do problema. Muita gente critica governos distribuindo milhares de panfletos, aqueles papeizinhos que cansamos de receber por aí, que logo após são lançados pelas ruas, sendo transportados pela água e ajudando a provocar o aumento dos problemas que eles tentam combater. Se queremos então combater algum tipo de problema, precisamos entender o que é o problema para não agirmos de forma inconsciente, provocando algo que tentamos combater.

Sabemos que todos os seres também executam algum tipo de trabalho. Basta, para exemplificar, pensarmos em uma colméia, onde as abelhas coletam néctar, secando-o para produzir o mel, enquanto outras preparam os casulos de cera, etc. Se todos realizam trabalhos, por que somente o homem é o grande responsável pelos danos ambientais?

Sabemos que isso não é verdade, pois são bem conhecidos os danos causados pelos castores que obstruem cursos de rios provocando enchentes, porém o problema com o homem é um pouco mais sério, pois envolve uma questão de tempo e capacidade de executar trabalho. Para responder a essa questão, vamos nos transportar para a África, no tempo do surgimento dos primeiros hominídeos (ancestrais dos homens), pois lá começa nossa longa viagem do desenvolvimento da capacidade de trabalho.

O ser humano: algumas competências

Pare agora de ler e realize essas atividades. Para ficar mais fácil, peça a alguém que leia as instruções enquanto você as realiza e depois você faz a leitura para que a outra pessoa também experimente essa sensação histórica.

- Fique de pé.
- Dobre o dedão da mão direita em direção ao meio da palma.
- Repita o movimento com a mão esquerda.
- Abra as mãos e, com as pontas dos dedos, tateie os seus olhos, observando a posição frontal deles em sua face.
- Vire, devagar, a sua cabeça para a esquerda e quando encontrar resistência, comece a girar o

tronco para o mesmo lado no sentido de olhar para trás.

• Faça a mesma coisa com o lado direito.

Esses movimentos que você experimentou em poucos minutos o homem levou milhares de anos para experimentá-los e explorá-los de forma eficiente. Nesses movimentos simples estão situados todos os enigmas do potencial de nossa espécie, inclusive o nosso desenvolvimento cerebral incontestavelmente admirável.

Ficando na posição bípede, ou seja, de pé, os hominídeos puderam ter uma visão do meio que poucos seres tinham e também liberaram os membros anteriores do pesado fardo de carregar o corpo. Devido às condições geográficas da savana africana, essa posição trazia vantagens, pois possibilitava uma melhor visão e exploração do ambiente. O movimento executado pelo dedão propiciou ao homem talvez a maior dádiva que um ser possa ter recebido, isto é, a capacidade de realmente manipular o seu meio de forma eficiente, pois desse modo os hominídeos aprenderam a segurar. Tente pegar algo sem fazer esse movimento básico e você sentirá uma grande frustração. Dizem algumas "boas línguas" científicas que esse movimento foi a válvula propulsora para todo o desenvolvimento cerebral.

Você observou que seus olhos estão localizados na região anterior de sua face, lado a lado. Essa característica foi a primeira a ser conseguida, dentre todas as citadas, pois já estava presente em nossos ancestrais antes mesmo de nos tornarmos hominídeos. Essa condição de olhos frontais, presente em poucos animais, possibilita uma maior acuidade visual, pois nos dá a capacidade de observação em profundidade. Experimente enfiar a linha na agulha com um olho tampado e você vai bem-dizer essa santa característica.

A capacidade de girar o pescoço e o tórax de forma eficiente nos possibilitou a observação do meio em $360°$, melhorando as relações em campo aberto. Você já deve ter observado o esforço de um cavalo para olhar para trás, talvez seja por isso que ele gire as orelhas, não é?

Você leu e experimentou como a evolução nos beneficiou fisicamente, pois através dela podemos segurar, olhar para todas as direções, mirar, correr, agarrar, etc. Com essas características físicas, o homem desenvolveu sua capacidade cerebral. Se pôde segurar uma clava, pôde caçar, se pôde caçar, teve que melhorar as técnicas de caça, pois assim pegava o almoço mais rápido e usando menos energia: surgiu assim a técnica para produzir armadilhas. Se ia emboscar, quanto mais semelhantes participassem melhor era a emboscada, surgia assim o comportamento social.

Basta continuarmos essa história em nossas mentes para sabermos onde ela irá dar. O que interessa aqui é entender que nós conseguimos características físicas adequadas e que junto com essas características físicas surgiram características sociais e intelectuais que nos levaram a uma capacidade de trabalho absurdamente eficiente, isto é, nós modificamos o meio cada vez mais rápida e mais violentamente. Se voltarmos ao caso do castor, sua capacidade de modificação do meio é eficiente, porém sua eficácia é muito menor que a humana. Imagine o tempo que um castor levaria para reconstruir sua barragem se por algum motivo fosse destruída, e quanto um homem levaria para represar o mesmo trecho de rio. Agora imagine quanto tempo levariam os castores, com seus recursos, para construir a Usina Hidrelétrica de Itaipu.

Outro fator importante é a capacidade humana de construir instrumentos e ferramentas para a execução de um trabalho de forma mais eficiente e rápida. A essa capacidade denominamos tecnologia. Você já imaginou como seria difícil realizar o trabalho de Matemática sem lápis e papel e como seria mais fácil executá-lo em um computador com calculadora? Isso é a tecnologia!

Se somarmos nossas características físicas e mentais à tecnologia e à nossa população e distribuição pelo mundo todo, podemos imaginar a quantidade de matéria-prima necessária para todo o trabalho humano, a quantidade de alimento necessária para essa legião de trabalhadores e a quantidade de resíduos liberados nesses trabalhos. Está aí a resposta para a pergunta do início do texto: nós somos muitos, espalhados por toda a Terra, bem equipados física e mentalmente, bem instrumentalizados e, portanto, os maiores produtores de modificações no nosso planeta.

Devemos então subir de volta para as árvores? É claro que a resposta é não, pois como negar todo esse avanço evolutivo? Nós temos é que usar nosso maior avanço, a capacidade cerebral, para colocar a redução dos efeitos maléficos de nossas ações como objetivo dentro do projeto de execução de nossos trabalhos. Por exemplo, se retiramos do meio água limpa para o trabalho, ela tem que voltar limpa para a fonte de onde foi retirada. Esse exemplo é extremamente simples, porém é o que melhor demonstra o tão falado desenvolvimento sustentável.

Atividades

1. Agora, vamos descobrir como as pessoas de nossa região interferem no meio com o seu trabalho, não no sentido de acabar com o trabalho delas, mas atuando como agentes motivadores de um melhor aproveitamento dos recursos do meio e da redução da liberação de resíduos. Podemos começar exercitando na nossa própria classe ou escola através de projetos que visem tornar eficiente, respeitando o meio ambiente, o trabalho de alunos, professores e funcionários. Observe, por exemplo, a quantidade de "cacos" de giz deixados, ao final de uma semana, no aparador da lousa pelos professores. Multiplique esse valor, até conseguir as quantidades mensais e anuais. Todo esse material, de qualquer forma, seria reduzido a pó dissolvido no solo de algum "lixão", porém se o seu uso fosse mais racional, antes de virar pó, muito conhecimento teria passado pela lousa, não é verdade?

2. Faça uma reunião com o grupo de limpeza da sua escola, ninguém melhor que eles para saber que tipo de problema e/ou desperdício a escola produz. A partir desse levantamento, organize uma frente de trabalho objetivando a diminuição ou a eliminação dos problemas e desperdícios da escola, através de ações diretas e/ou de conscientização.

3. Monte em sua sala um grupo de monitoramento das interações dos alunos com o ambiente da sala. Esse grupo não terá a função de dedurar ninguém ou de julgar atitudes, simplesmente ele será, como o nome diz, um monitor das ações sobre o meio, que nesse caso é a sala de aula. De acordo com a periodicidade pré-definida, esse grupo poderá apresentar um relatório sobre os problemas ambientais encontrados para a apreciação da própria sala, que, após análise, fornecerá as soluções para os problemas relatados. Veja que aqui não há um culpado e nem muito menos um super-herói, mas sim uma atitude coletiva que não visa à revanche ou a apontar culpados, mas sim ao benefício de todo o grupo.

4. Outra atividade que recomendamos, que deve ser feita após a execução e o domínio das atividades anteriores, é a expansão do método para fora das paredes da escola, ou seja, a análise dos principais meios de trabalho de sua cidade ou região*, procurando levantar a matéria-prima empregada, o processo de produção, os resíduos

produzidos e o possível impacto ambiental causado por essas atividades. Reúna um conselho de professores de sua escola e mostre os resultados para que cada um deles, em sua área, apresente um parecer sobre o assunto. Após o estudo desses pareceres, formule questões e convide representantes dos ramos de atividades e autoridades de sua região para um debate em sua escola.

5. Vamos ao debate. Ele deve ser iniciado com a apresentação dos resultados dos trabalhos realizados na escola (daí a idéia de se fazer essa atividade após as outras), em seguida a leitura dos relatórios baseados nos dados coletados e na análise feita pelos professores. A partir desses passos podemos direcionar o questionamento para a motivação do debate.

Aqui fazemos uma ressalva: *devemos nos preocupar com o resultado final do trabalho e não com a idéia de transformar o debate em um jogo, onde alguém sairá vencedor, pois só o fato de o debate acontecer já pode ser considerado uma vitória.*

As questões não devem tomar um tom de acusação, mas sim de preocupação e devem estimular uma resposta que demonstre uma possível solução. Em um debate como esse é sempre bem-vinda a presença de um mediador, que determinará a organização do debate e um "escrivão", que anotará todas as intenções e promessas, para uma possível retomada da questão no futuro.

Terminado o debate, faremos um texto, com todos os dados levantados até agora, que será apresentado à apreciação e aprovação de todos os envolvidos no projeto, inclusive os convidados ao debate. Após a aprovação de todos, esse texto deve ser publicado em um veículo de comunicação de sua cidade ou região, para o conhecimento de toda a comunidade.

Essas são apenas algumas idéias, que estão longe de serem fechadas ou perfeitas, só queremos através delas motivá-lo a realizar algum tipo de ação para o bem de sua comunidade e de certa forma para o bem do nosso planeta, pois sua comunidade faz parte dele. Vamos lá, mãos à obra! Mude o que você quiser, adapte à sua região, faça algo completamente diferente mas, pelo bem da sua região e pelo exercício de sua cidadania, faça alguma coisa! Desde já nós agradecemos o seu empenho!

*Quando nós dizemos região, estamos nos referindo àquelas localidades muito pequenas ou grandes demais para serem consideradas como um todo, por exemplo São Paulo, onde seria impossível levantarmos todas as atividades ali presentes.

NOVOS RUMOS PARA O ENSINO DA MATEMÁTICA

Silvana Arena de Carvalho

O processo de modernização acelerada que estamos vivendo vem se refletindo, por vezes desastrosamente, nos sistemas de ensino, uma vez que estes ainda se assentam, muitas vezes, na transmissão de experiências, idéias e valores por meio de discursos que não se contestam. Trata-se de uma herança do ideal pedagógico predominante no século XIX, quando o processo de industrialização ainda era incipiente, o que não condiz com a realidade atual marcada por mudanças econômicas, políticas e sociais que alteram nossas vidas numa velocidade estonteante.

No mundo pós-industrial contemporâneo desenvolvido, os indivíduos vivem saturados de estímulos e oprimidos por informações geralmente fragmentadas e desintegradas. Nesse contexto, cabe à escola uma função complexa. E o mundo da escola é seu também.

No entanto, adotar tal perspectiva não é uma tarefa fácil, as mudanças a serem realizadas são difíceis e requerem uma mudança profunda na concepção de todos os elementos que condicionam a vida e o trabalho na aula, mas, de qualquer maneira, trata-se de mudanças necessárias e a própria legislação brasileira aponta para isso.

Por isso temos procurado elaborar e desenvolver projetos de ensino, que tomem como ponto de partida suas experiências de vida e a de seus colegas.

No caso específico do ensino de matemática, os temas transversais propostos pela legislação abrem a possibilidade para você, aluno, tomar o conhecimento matemático como veículo de diálogo, análise e base para um novo relacionamento social em sala de aula, de modo a que você possa reconhecer a importância de traduzir o resultado de suas experiências diárias em experiências de aprendizagem e vice-versa.

A matemática e a vida

Você já deve ter ouvido alguma destas frases:
– Ah! Como meu avô é inteligente!
– Nossa! Ele só tem o primário e sabe de tudo!
– Nosso melhor prefeito foi um roceiro, só tinha o primário, mas fazia cálculos como ninguém e sabia cuidar da cidade!

O grande mestre Júlio César de Mello e Souza, que ficou famoso como Malba Tahan, há muito alertava para o caos que a escola atravessaria se não passasse por uma reestruturação radical.

Quando escreveu o clássico *O homem que calculava*, Júlio César mexeu com a cabeça de homens inteligentes, sérios educadores, deixando-os maravilhados com o novo método de ensino. Até então, com raras exceções, a pedagogia se preocupava apenas com uma das partes ou aspectos da formação mental do aluno, cuidando, quando podia, da aquisição de conhecimento. A formação de hábitos, apreciações, etc. nem entrava na cogitação dos programas, nem fazia parte propriamente do ensino.

Entretanto, o entusiasmo inicial dos educadores com o novo método proposto por Júlio César acabou se esvaindo diante das críticas infundadas dos tradicionalistas.

Hoje, estamos prontos para a mudança. O aproveitamento da tradição como uma barreira para o avanço sucumbe frente às sociedades da informação, da globalização e das redes que interconectam os lugares. Em função disso, grande parte do conhecimento acontece, hoje, fora das escolas. O conhecimento e a construção das noções e dos conceitos ocorrem à medida que as pessoas agem, relacionam os objetos, enfrentam desafios e trocam informações umas com as outras e com o meio que as cerca, corrigindo o erro de dessassociar a idéia de aprender da idéia de usar. Afinal, vivemos em um tempo em que os homens parecem ter se conscientizado de que o hábito e a disposição do espírito para a resolução de problemas diários da vida se incorporam à mentalidade das pessoas, em decorrência do próprio trabalho, no próprio trabalho.

Por exemplo, a necessidade de conhecimentos de ordem matemática surge quando precisamos avaliar despesas, conhecer um número de objetos, reconhecer e utilizar formas, determinar dimensões, superfícies ou volumes, etc. utilizando problemas, diretos ou indiretos, da própria vida. A aplicação do que se aprende é fundamental. Uma vivência prática e concreta faz com que cada passo seja assimilado.

Em uma novela, um escravo liberto afirmou que sabia contar até 50, pois esse era o número de chibatadas que os negros levavam. Esse exemplo comprova a idéia de que se aprende o que se vive. Além disso, podemos trabalhar com a matemática sempre pensando no futuro do nosso planeta. Um exemplo é a substituição do material pedagógico, até então usado, por outro total ou parcialmente reciclável.

Também é fundamental priorizar o incentivo à criatividade, respeitando e estimulando os mecanismos da sua inteligência, com jogos, cálculos mentais e rotinas reais de vidas reais. Para tanto, você tem que colaborar para que a aula seja um fórum de debates e um espaço estimulador de trocas e de participação ativa de todos, nos processos de aprendizagem, experimentação e comunicação. Somente desta forma você sentirá prazer em aprender.

Nessa perspectiva, a espontaneidade, a oportunidade e o seu interesse tornam-se condições essenciais para o seu aprendizado

Atividades

As duas sugestões apresentadas a seguir podem (e devem) ser adaptadas às condições e possibilidades de sua classe.

Cabe ressaltar que a concretização dos dois projetos, tal como se apresentam, só será possível se houver um envolvimento de todos: professores das diferentes áreas, direção, equipe técnica, funcionários e pais. Isso porque envolvem o uso coletivo, apoio e orientação pedagógica transdisciplinares, além de organização de horários alternados de trabalhos em classe e extra-classe, envolvendo todas as turmas, de modo que todos possam participar.

Por isso, dependendo das circunstâncias e condições de sua escola, é melhor iniciar modestamente, ou seja, promovendo a "vivência" de uma situação de cada vez (o supermercado, ou a feira, ou o parque de diversões, por exemplo). Em outras palavras, as atividades propostas podem ser desenvolvidas em bloco ou desmembradas em vários subprojetos, uma vez que cada tema ou temática constitui um campo riquíssimo a ser explorado. Você, seus colegas e os professores decidirão como fazer.

I. ORGANIZAÇÃO E FUNCIONAMENTO DE UM SUPERMERCADO

Nesta proposta, vamos todos ao supermercado, pois ir ao supermercado é uma prática comum hoje em dia e vocês, geralmente, adoram acompanhar suas mães nessa empreitada.

1. Vamos propor a construção de um supermercado. Podem-se utilizar materiais como copos de iogurte, tampas de garrafa, cartelas de ovo, folhetos de anúncios dados nas ruas diariamente, latas de refrigerante, de batatas, potes de

Toddy, caixas de pasta de dente, de remédios, etc. Esse nos parece um bom ponto de partida para o ensino da matemática.

Mãos à obra. Comece a recolher esse material, junto com seus colegas. Peça para permitirem que vocês o deixem na escola, em local previamente determinado.

2. O primeiro passo será visitar um supermercado fazendo uma lista de tudo o que é necessário para se montá-lo, desde seu planejamento, até sua organização e funcionamento (projetos, local apropriado, produtos, tabelas de preços atualizados, regulamentos, funcionários, cargos necessários, salários, mostruários, etiquetas, litro, metro, caixa registradora, telefone, cartazes de anúncios, notas, etc...).

3. Você sentirá o prazer de aprender brincando. Vamos imaginar cenas do nosso supermercado funcionando a todo vapor.

Fernanda, muito criativa, ficou trabalhando na área de propaganda, orientando e estimulando os fregueses quanto ao bom preço ou à qualidade do produto, exigindo assim de cada comprador um teste periódico de raciocínio, estimulando o cálculo mental. Os fregueses podem entrar só depois de saberem todas as tabuadas numéricas e os testes do tipo: o conhecimento numérico real dos algarismos de 0 a 9 e a noção exata dos intervalos entre os números 0 ao infinito, com a ajuda do material de base dez (material dourado) e cálculos básicos como $100 - 15 = 85$, $100 - 43 = 57$, $23 + 77$ etc., mostrando-se a cada um como isso ajudaria nas compras de acordo com seus próprios orçamentos.

4. Lucas, que era o bonzão, só queria ficar no caixa. Para isso teve que treinar muito seu desempenho com o dinheiro e com o cálculo mental. Lígia e Luísa, organizadas e responsáveis, ficaram tomando conta do estoque, anotando todas as entradas e saídas de produtos.

5. Como vêem, são inúmeras as possibilidades que uma atividade deste tipo oferece. Por exemplo: organize prateleiras apenas com artigos e/ou produtos necessários para a execução dos trabalhos da classe ou para o preparo da merenda, outra com brinquedos, etc.
   Os materiais utilizados também podem ser recicláveis e confeccionados por vocês como brinquedos e jogos feitos com cartelas de ovos, que podem ser transformados em tabuleiros de trilha ou jogo da velha; as tampinhas podem ser aproveitadas como peças para diferentes tipos de jogos. Com as garrafas de refrigerante é possível fazer jogos de boliche e com meias velhas, bolas e bonecas. Os papéis de propaganda poderão ser usados e encaminhados para reciclagem, com preço, peso e destino.

II.   A VIDA EM FAMÍLIA NA CIDADE

1. Nesta proposta desafiamos vocês a criarem uma vila, em que vocês serão os moradores. Toda a classe deverá assumir papéis e responsabilidades dos moradores. A montagem da vila deverá ser muito bem planejada por todos, incluindo áreas de trabalho e lazer, por exemplo: prefeitura, escola, banco, supermercado, cinema, academia, horta, agência de turismo, farmácia, consultório médico e dentário, parque de diversões, livrarias, lanchonetes, entre outros.

2. Vocês deverão trabalhar nos diferentes departamentos e receber por dia de trabalho, mas deverão pagar por tudo de que necessitarem. Para evitar descontroles orçamentários, deverão fazer um boletim de seus custos e ganhos de modo a saberem quando poderão ter regalias como: viagens, cinemas e jogos ou ter que trabalhar dobrado para não ficar devendo.

   Neste desafio, fica com vocês a tarefa de distribuir as diferentes ocupações para cada personagem. Isso poderá ser feito por entrevistas considerando preferências, experiências anteriores, despreendimento para a tarefa, etc. Todos deverão estar conscientes na organização de suas finanças, considerando débitos e créditos.

   Para que todos possam experimentar os aspectos positivos e negativos de diferentes atividades de trabalho poderá ser proposto um rodízio de função a cada 15 dias.

3. Vamos apresentar algumas atividades necessárias em cada um dos principais setores de trabalho existentes em uma simples vila que auxiliam no domínio de conceitos, noções e operações matemáticas, além de desenvolver outras habilidades e competências. Escolha a sua, em comum acordo com seus colegas.

• *No banco:* caixa de recebimento (depósitos), de pagamento (retiradas), tesouraria, saldos;

• *No supermercado e na farmácia:* caixa, empacotador, controlador de estoque, balconista (que vende produtos fracionados: ¼ de ..., ½ quilo de ..., 250 gr de..., etc.);

• *No cinema:* bilheteria, seleção de músicas, propagandas e histórias;

• *Na academia:* peso, altura, estatura, orientação nutricional, medidas e pesos ideais de acordo com idade;

• *Na horta:* separação de canteiros dividindo espaços calculados devidamente, perímetro de distribuição das mudas mantendo uma distância determinada (necessária) entre elas;

• *Na loja de roupas:* coleta de roupas usadas separadas pela qualidade de conservação, tamanho, preço, porcentagens de descontos à vista, organização do estoque de entrada e de saída (depois de cada semana as peças podem ser distribuídas entre pessoas necessitadas);

• *No consultório dentário:* orientação sobre higiene bucal. No consultório é necessário considerar a existência de uma secretária responsável pelo atendimento dos clientes e informação sobre o orçamento do serviço prestado;

• *No consultório médico:* além de uma secretária, orientações sobre as horas de sono e exercícios físicos necessários para uma vida saudável. No consultório é necessário considerar, também, a presença de um "profissional" que ensine como evitar acidentes.

• *No parque de diversões:* gerente e orientador dos jogos a serem usados, um caixa para receber os pagamentos feitos pelos usuários, um anotador das posições classificatórias obtidas por cada participante, fazendo, assim, uma constante gincana;

• *Na livraria:* separador de livros de acordo com título, tema, conservação, etc. Assim como na loja de roupas, os livros devem ser cadastrados e etiquetados com seus respectivos preços. Para a leitura tornar-se uma atividade ainda mais agradável, você pode criar a função do "crítico literário", que indicará os livros mais interessantes entre os disponíveis na livraria;

• *Na agência de turismo:* indicações de cidades, capitais e países a serem visitados e suas respectivas distâncias, tomando a Capital mais próxima como ponto de referência, assim como o clima e a altitude de cada lugar. Quanto às tarifas, devem ser cotadas em dólar convertidos em reais.

• *Na Prefeitura:* a administração geral deverá ficar sob a responsabilidade do prefeito, que deverá ser eleito por vocês. O prefeito determinará a função de cada secretário(a) e seus respectivos funcionários e se responsabilizará pela cobrança dos impostos que deverão ser redistribuídos em forma de serviços (saúde, educação, transporte, saneamento, coleta de lixo, etc.). Aos vereadores caberá a tarefa de distribuir as verbas existentes entre as secretarias e os departamentos. Um funcionário (ou um grupo de funcionários) será responsável pelos gráficos, estatísticas e levantamentos.

III. SITUAÇÕES DO COTIDIANO

1. Uma moradora – Taís - pediu, de Natal, uma viagem para a Bahia. Ela passou primeiro pela agência de turismo para saber o preço das passagens ida e volta, R$1.250,00, incluindo translado, hotel, refeições e alguns passeios. O valor poderia ser pago à vista ou em três vezes com um acréscimo de 3% em cada prestação. Considerando os gastos com roupas, presentes, lanches e algumas despesas extras, Taís passa no banco para conferir seu saldo e chega à conclusão de que deveria esperar mais um pouco para viajar. Desta forma, ela demonstrou ser sensata e controlada, uma atitude correta que deve ser destacada como um bom exemplo.
Agora, responda: em quanto importaram as despesas todas? Quanto você acha que Taís tinha no banco?

2. Alexandre passou pelo banco e fez uma retirada de R$300,00. Gastou R$45,00 na academia, R$20,00 no parque de diversões, R$185,00 no mercado e R$12,00 na horta. Dessa forma, so-

braram-lhe R$38,00, quantia insuficiente para as despesas que ele teria, necessariamente, que fazer no dia seguinte com médico e farmácia, pois não estava se sentindo muito bem. Esse morador precisa ser orientado sobre como organizar sua vida financeira para evitar gastos desnecessários e garantir algumas reservas para despesas de emergência ou até mesmo para diversões como o caso de Flávia, que soube economizar seu dinheiro e, por isso, pôde passar o dia no parque de diversões e à noite ainda ir ao cinema. Aproveite para escrever uma carta para Alexandre e outra para Flávia, dizendo o que você achou do comportamento deles. Mostre-a aos seus colegas. Será bom discutir esse assunto.

3. Fabiana não teve escolha, quebrou o braço e foi obrigada a desembolsar R$85,00 extras com despesas de médico, gesso e farmácia, o que a deixou com saldo devedor no banco. Todos devem estar atentos quanto à necessidade de fazer uma pequena poupança para situações de emergência. Quais são os juros que estão sendo cobrados quando usamos o cheque especial? Obtenha a informação e faça a conta: em um mês, quanto aumentou o valor das despesas com médico (R$ 85,00)? E em dois meses?

Pelo exposto, é possível observar que nosso projeto é simples e objetivo. O importante é que as atividades propostas dêem oportunidade de você aprender vivenciando situações do dia-a-dia. Não é para isso que estudamos? Não é isso que devemos aprender?

Voltando ao tempo de nossos avós, podemos aprender muito com eles, isto é, aprender para a vida, saber matemática respeitando o meio ambiente, a saúde, o trabalho, o consumo, a cidadania, enfim, tudo o que somos.

HISTÓRIA E TRABALHO

Aloísio dos Santos Brisante

Podemos analisar aspectos do trabalho humano considerando cinco períodos marcantes da humanidade: a Comunidade Primitiva; o Antigo Egito; a Antiguidade Clássica; o período Feudal e o mundo Capitalista. A prioridade será dada ao enfoque social, ou História dos Vencidos, quase nunca lembrada nos livros didáticos. Tradicionalmente encontramos a história dos que dominaram, "vieram e venceram", tomando emprestada a frase de César. Cada página uma vitória. Quem cozinhava o banquete?, como diria Bertolt Brecht. E a Gália? Seus habitantes, que foram derrotados pelo general romano? Pouco se sabe, não é mesmo?

O SONHO DE UMA SOCIEDADE ONDE
TODOS OS HOMENS FOSSEM IGUAIS
E LIVRES PERSEGUE A HUMANIDADE

Comunidade Primitiva

O aparecimento do homem na Terra aconteceu há cinco ou seis milhões de anos, no continente africano. Esses indivíduos possuíam algumas diferenças se comparados ao homem atual, eram mais peludos, mais baixos e, principalmente, o cérebro era 1/3 do atual. No entanto, já não tinham cauda, como seu parente mais próximo, o macaco. Por isso são chamados hominídeos, ou pequenos homens.

Durante muito tempo esses pequenos homens foram infinitamente inferiores ao meio ambiente em que viviam – devido à ocorrência de tempestades naturais, ausência de habitações seguras, escassez de alimentos, fragilidade frente a animais mais fortes como bisões e leões, ausência do conhecimento das armas e do fogo – levando esses homens a perceberem a perpétua necessidade de conviverem dentro de comunidades relativamente harmoniosas.

Esses homens precisavam constantemente migrar para outras regiões em busca de sobrevivência. Com o tempo, foram viajando para outros pontos do planeta: atingiram a Europa, a Ásia, a América e assim por diante.

Para que houvesse a sobrevivência do grupo não poderia haver exploração de uns sobre outros. Muitos especialistas chamam essa época de comunidade primitiva, ou mesmo, comunismo primitivo. Todos trabalhavam, homens, mulheres e velhos e o produto era dividido entre o grupo, não existindo a propriedade privada.

O cinema, os desenhos animados e quadrinhos muitas vezes investiram no assunto, às vezes distorcendo a realidade, passando uma imagem enganosa para o público. Os Flinstones, desenho animado que vemos com freqüência na televisão, por exemplo, são uma família atual com características contemporâneas, como trabalho empresarial, disputas individuais (no boliche, por exemplo), consumismo (carros, eletrodomésticos e casa entre outras coisas), transportados para a época da comunidade primitiva.

Juntas as duas famílias, em cena do desenho de Hanna & Barbera. Ao lado, o protagonista Fred e seu amigo Barney.

E por falar na sétima arte, é bom ficar atento para o tema, pois, quando mostram homens lutando com dinossauros, tornam os roteiros verdadeiras aberrações cinematográficas, uma vez que existiu um espaço de 60 milhões de anos entre o último dinossauro e o aparecimento dos hominídeos. Portanto, o homem nunca chegou a ver um dinossauro vivo.

Atividade

Agora vamos às atividades:
Primeiro - você saberia localizar o lugar preciso onde foram encontradas as ossadas humanas mais antigas, indicando vida num passado distante?
Se tiver dificuldade procure em jornais de grande circulação (sugestão: arquivos da *Folha de S. Paulo* e *O Estado de S. Paulo* – matérias do jornalista José Reis para *Folha de S. Paulo* - 08/05/94 - e 23/

09/94 ou Ulisses Capozoli para o *O Estado de S. Paulo* em 22/10 95).

Depois, com o auxílio do professor, tente usar o mapa múndi (planisfério) e observe. Tente fazer a trajetória humana até chegar ao Brasil, pelo norte da América e pelos oceanos como indicam as pesquisas mais recentes. Atenção: sobre esse assunto, é importante conhecer os estudos da pesquisadora Niède Guidon que trabalha no Piauí.

Para concluir a primeira atividade, tente fazer uma cópia dessa trajetória em seu caderno. Mesmo que tenha um pouco de dificuldade no começo, continue tentando, pois é fundamental sabermos nos localizar no espaço terrestre.

Egito Antigo

Assim que o homem adquiriu ferramentas e técnicas para conter as forças da natureza, todo o ritmo das relações sociais se alterou. Um homem, talvez o mais inteligente ou o mais forte, passaria a deter um certo controle sobre o restante do grupo. Surgiam aí as relações de exploração, já que as ferramentas, matérias-primas, terras, fábricas etc. passam a ser propriedade privada, isto é, não pertencem mais a toda a comunidade.

O EGITO ANTIGO - O segundo degrau na esfera da "evolução" humana já é verificado no Egito Antigo, onde por volta de 4.000 a.C. se percebem nítidas diferenças sociais. Os egípcios não conheciam a propriedade privada da terra. Estas, no entanto, passam a ser desfrutadas por uma minoria que pouco a pouco se organizou, formando um Estado forte, exercendo o controle e dominação sobre toda a comunidade. No Egito já existia a exploração de um pequeno grupo, o Estado (constituído por parentes dos reis, nobres, sacerdotes e escribas) sobre a imensa maioria da população formada por camponeses ou felás.

Hoje o Egito é uma nação com cerca de 70 milhões de habitantes em uma área de pouco mais de 1 milhão de km². A população predominante é de origem árabe (98%), resultado da expansão árabe rumo ao Ocidente, ocorrida entre os séculos VII e VIII d.C. Porém, nem sempre foi esse o perfil da sociedade egípcia. O antigo império egípcio das pirâmides, e mesmo de Cleópatra, foi uma brilhante civilização negra. Basta analisarmos pinturas e esculturas da época para constatarmos facilmente as características físicas (rostos e cabelos por exemplo), bem distantes do padrão étnico europeu. No entanto, mais uma vez recorremos ao cinema para enriquecer a discussão. No filme *Cleópatra* de 1963 (filme americano dirigido por Joseph L. Mankiewicz), vemos uma rainha de pele alva e olhos de cor violeta. Mais do que isso, a corte, seus comandados, possuem pele amarela e traços orientais. Que confusão, heim!!!

Pesquisas recentes feitas a partir de moedas cunhadas em seu governo, que trazem o seu rosto (outras fontes contemporâneas não sobreviveram), indicam uma Cleópatra de origem étnica diferente. Plutarco, um historiador da Antiguidade, nos traz uma informação interessante ao afirmar "quando Cleópatra entrava numa festa, ninguém notava, as pessoas não viravam as cabeças para olhá-la". Hoje já se pode afirmar que Cleópatra não era nem de longe parecida com a do cinema (a atriz Elisabeth Taylor), além de possuir um longo nariz, típico da dinastia ptolemaica. Uma revisão da história poderia deixar público que, durante duas décadas (40 e 30 a.C.), o mundo foi controlado direta ou indiretamente por uma nação negra, dirigida por uma rainha que não era européia.

Cartaz de divulgação. O filme é um dos mais caros já feitos: 44 milhões de dólares à época, correspondendo a mais de 200 milhões atuais.

"Liz" Taylor, no auge da Beleza, encarna Cleópatra com características ocidentais. No detalhe, a rainha em um de seus 65 figurinos utilizados no filme conversa com Burton (Marco Antônio)

Nos livros estão nomes de faraós. Arrastaram eles os blocos de pedras?

Eles apenas determinavam, pois foram necessários milhares de camponeses trabalhando por anos seguidos, para que titânicas construções arquitetônicas fossem erguidas.

Embora existissem escravos, eles não representavam significativa importância nesse momento. Esse é outro tabu que precisa ser derrubado, pois foi somente nas sociedades dos gregos e dos romanos que os escravos passaram a ser vitais.

Muito trabalho foi feito para erguer essa obras "faraônicas" há quase 30 séculos. As pedras que chegavam a pesar mais de uma tonelada eram transportadas por centenas de quilômetros em embarcações pelo rio Nilo.

Você conhece esse rio?

Saiba que ele percorre hoje a incrível distância de 6.671 quilômetros, isto quer dizer que em distância perde para o rio Amazonas, o maior da Terra por apenas 191 quilômetros.

Atividade

1. Procure obter mais informações sobre o rio Nilo. Uma dica: o rio Amazonas, como foi dito, é o número um em comprimento, enquanto o Nilo é o terceiro! Qual será o segundo?

2. Você mora em um prédio, ou perto de sua casa existe algum? Será que ele é do tamanho de uma

pirâmide egípcia? (a maior, Quéops, possui cerca de 145 metros de altura). Seus conhecimentos de matemática podem ajudá-lo.

3. Como conclusão, seria importante pesquisar a importância do Nilo para os antigos egípcios. Lembre que um importante historiador da Antiguidade escreveu "o Egito é uma dádiva do Nilo".

4. Para fechar o capítulo sobre a cultura do Egito, é importante que você conheça a pintura e a escrita deles. Os seus artistas desenhavam as pessoas com os rostos e as pernas de perfil, enquanto o tronco era desenhado de frente. Vamos lá, levante de sua cadeira e tente ficar nessa posição. Pesquise os motivos dessa técnica egípcia. O conteúdo de Educação Artística, com certeza, pode colaborar com você.

5. A escrita deles é belíssima, a hieroglífica (misturando desenhos, onomatopéias e sinais, escritos muitas vezes no sentido inverso ao das escritas modernas, isto é, de baixo para cima e da direita para a esquerda) e permaneceu desconhecida por muito tempo, pois os homens que a conheciam (escribas) foram mortos por povos invasores. Procure saber mais sobre o assunto. Um "atalho" pode ser conseguido pesquisando sobre a expansão de Napoleão Bonaparte sobre o Egito ou procurando pelo nome Jean François Champollion (este sim, um verdadeiro "Indiana Jones").

Será que depois de esclarecido você conseguiria mandar um recado em "código hieroglífico" para um colega? Tente.

Antigüidade Clássica

A escravatura existira anteriormente entre os sumérios, assírios e babilônios entre outros, mas esses impérios não eram economias escravistas. As cidades gregas tornaram a escravatura pela primeira vez absoluta, pois mesmo coexistindo com outras formas de produção, era o modo de produção dominante, e os romanos posteriormente copiaram.

O berço da democracia, como sabemos, é Atenas na Grécia, do legislador Clístenes e do estadista Péricles. O que pouco se discute é a composição social dessa cidade. Atenas possuía cerca de 140.000 escravos numa população total de 250.000. Perto de 10% dessa sociedade participava ativamente da política, os chamados cidadãos atenienses.

É inegável que, para a época, esse percentual (10%) foi um tremendo avanço, uma vez que, antes dos atenienses, os homens assistiam a governos teocráticos (governos controlados por apenas um homem, visto como intermediário entre Deus ou deuses e os homens). O que se quer discutir é o fato de que, para que tais homens pudessem se dedicar à legislação política, outros tiveram que trabalhar, e arduamente, pois como já foi dito Atenas foi uma cidade escravista (como quase todas as outras cidades-Estado gregas). Portanto, para que significativos valores políticos fossem alcançados e se eternizassem, foi preciso que boa parcela dessa mesma sociedade fosse sistematicamente explorada.

Quando ouvimos falar de Roma, a antiga capital do Império Romano, logo nos lembramos dos filmes com corridas de bigas e lutas sangrentas de gladiadores, além da expressão "Pão e Circo".

Você sabia que durante boa parte do Império os anos tinham até 175 dias feriados! Antes de você começar a sentir inveja, antecipamos que nem tudo era festa. A exploração social era desumana, principalmente sobre os escravos, que, com as conquistas territoriais, passaram a ser o grosso da população.

É importante ressaltar que, entre os séculos III e II a.C., entraram no Império Romano cerca de 2,5 milhões de escravos, em sua maioria prisioneiros, vítimas da brutal expansão territorial romana. Isso iria provocar uma alta taxa de desemprego. No século I a.C. eram cerca de 200 mil desempregados na capital, vítimas do êxodo rural.

Quem mora na cidade do Rio de Janeiro, ou já esteve lá ou viu fotografias, conhece os Arcos da Lapa, que foram construídos ligando dois morros, visando solucionar um sério problema da cidade, que era o abastecimento de água à população. No Rio é conhecido por Aqueduto Carioca.

Essa construção usada para conduzir água, caracterizada pelo emprego de duas ou três fileiras de arcos superpostos, foi amplamente utilizada pelos romanos para levar água potável para Roma. O "Aqua Claudia" possuía incríveis 69 quilômetros. As colossais construções foram facilitadas pela invenção romana do concreto (na época uma mistura de cascalho, areia e água).

Outra imponente criação romana foi o Coliseu, onde cabiam 50.000 pessoas. Pois então, os Aquedutos, os Arcos e o Coliseu, quem os ergueu? Seriam os césares ou os patrícios (a elite romana)?

Certamente não foram eles, e sim, como já deve ter dado para perceber, os escravos.

O escravo Spártacus lidera a revolta contra a opressão da elite romana. Interpretado por Kirk Douglas no filme, que reconstitui de forma brilhante a república romana. Atenção: o escravo é de pele branca como a maioria dos escravos da Antigüidade.

Atividades

1. Sugerimos que procure saber mais sobre a escravidão na Antigüidade, pois foi lá que tudo começou. É fundamental investigar esse assunto, que remete inclusive ao racismo. Uma sugestão de leitura é o livro *História das Sociedades* – das

comunidades primitivas às sociedades medievais, de Rubim S. L. de Aquino.

2. O Brasil também usou a mão-de-obra escrava durante muito tempo. Tente indicar três diferenças entre a escravidão da Antigüidade e a escravidão brasileira.

3. Procure saber o motivo de tantos festivais com gladiadores, corridas e o Pão e Circo.

4. Investigue sobre o processo de endurecimento da mistura de cimento, areia e água.

Período Feudal

Os filmes e as histórias sobre o período "medieval" ou feudal nos trazem imagens de imensos e intransponíveis castelos, ladeados por fossos repletos de crocodilos ou outros animais. Dentro das fortalezas, cavaleiros e damas divertindo-se em festas, celebradas com muito vinho, na presença de músicos que tornavam mais alegre o ambiente.

Os cavaleiros enfrentavam-se em duros combates usando longos arcos, lanças, escudos e até mesmo a besta (sofisticado lançador de projéteis), imortalizada com o herói nacional suíço Guilherme Tell. Os cavaleiros, desde o século VI, usavam, para proteger o corpo, uma malha de anéis metálicos ajustados por rebites, isso sem falar nas requintadas couraças para proteger o peito.

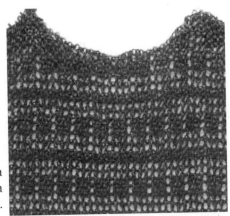

Detalhe de "camisa com fios de aço" feita no período feudal.

Para que cavaleiros e damas pudessem se divertir freqüentemente em festas, e nobres pudessem se atracar em torneios (combates), alguém tinha que trabalhar, não é mesmo? Quem construiu o castelo? O rei, os nobres? E as armas, quem as confeccionava?

A sociedade dessa época tinha três divisões distintas: os que rezavam (clero), os que lutavam (nobres) e os que trabalhavam (vilões e camponeses "servos", a imensa maioria da população). Sobre estes últimos recaía todo o fardo da exploração.

Para que pudessem ter apenas a sobrevivência garantida, eram submetidos a formas de trabalho desumanas. Eram obrigados a construir castelos, pontes, drenar rios, plantar e colher, além de entregar o dízimo ao clero etc. Os trabalhadores ficavam com apenas 1/6 de tudo o que produziam além de estar permanentemente presos à terra (feudo) a que pertenciam (os vilões tinham mobilidade mas eram uma minoria).

Ilustração de Zubiri, M. e Soares, C. S.

Atividade

1. Propomos uma análise a partir da ilustração acima. Observe com atenção.
   Você consegue identificar os dois momentos históricos retratados?

2. Se voltássemos no tempo, e você tivesse que trabalhar, mas pudesse escolher entre os dois períodos observados, com suas respectivas obrigações – já analisadas –, qual você escolheria? Justifique o motivo dessa "difícil" escolha.

Mundo Capitalista

Por fim, o homem desenvolveu e aperfeiçoou a tecnologia, chegando ao capitalismo no século XVIII. Características capitalistas existiam séculos antes, mas foi somente com a Revolução Industrial e a máquina a vapor que esse novo modelo socioeconômico se enraizou. A bem da verdade, o desenvolvimento da tecnologia, ou a modificação da natureza pelo homem (trabalho) sempre existiu, inclusive na época feudal, tida como "época das trevas". Para citar apenas algumas invenções dos "medievais": atrelamento peitoral dos animais de carga, pois antes era feito no pescoço; rotação de culturas; ferraduras; moinhos de vento etc.

O início desse processo de modernidade ou contemporaneidade não foi nada romântico. Os trabalhadores ingleses, expropriados de seus meios de sobrevivência, pois tiveram suas pequenas propriedades tomadas pelo Estado, tornaram-se mão-de-obra desqualificada e barata para os ávidos industriais que surgiam. Além disso, os empregadores preferiam utilizar o trabalho feminino e infantil (até mesmo em minas subterrâneas) por ser ainda mais barato. As imensas famílias (proletários) viviam em fétidos cortiços. As ruas não tinham planejamento nem saneamento básico, isso mesmo! Lixos se amontoavam nas ruas, favorecendo a disseminação de doenças.

Diante do quadro descrito acima, o operariado passa a se organizar paulatinamente: inicialmente destruindo máquinas (movimento Ludita ou Ludista), pois acreditavam que teriam os seus empregos de volta, ou o retorno de um estilo de vida mais folgado e autônomo; depois se organizando em movimentos coletivos como o cartismo (petição sóciotrabalhista); e finalmente o sindicalismo.

Depois de batalhas longas e desgastantes, os trabalhadores conseguiram muitas de suas reivindicações, como redução na jornada de trabalho para 10 e 8 horas; regulamentação do trabalho feminino; proibição do trabalho para menores de 14 anos; salário mínimo; aposentadoria, entre outras coisas. Conquistas feitas na Europa ao final do século XIX.

Apesar de os direitos trabalhistas terem sido reconhecidos pelas autoridades, os maiores problemas da sociedade capitalista persistem, pois a concentração de renda é um fato gerador de uma desigualdade social gritante; os trabalhadores foram expropriados dos meios de produção, isto é, não mais são donos dos meios produtivos: ferramentas, máquinas, terras, oficinas, lojas, fábricas, bancos etc.; e pior ainda, a latente ameaça do desemprego em muitos países é constante.

Eniac, o primeiro computador. Ainda sem *mouse*, *microship*, enfim, iria ainda evoluir bastante, como os hominídeos.

Sinteticamente podemos dizer que o sonho de uma sociedade onde todos os homens fossem iguais e livres continua sendo uma utopia distante, pelo menos enquanto persistir o modelo onde poucos possuem muito, e a maioria quase nada tem.

Atividade

1. Vejamos, a seguir, algumas outras geniais criações dessa evolução. Será proposto que se pesquise o autor da "criação" e o ano da "eureca". Tente, pesquise. Só em ultimo caso, consulte o quadro mais abaixo, onde as respostas estão fora de ordem.

Lei da hereditariedade ....

Descoberta da existência dos micróbios ....

Livro *Origem das Espécies*...

Dinamite ....

Jeans ....

Energia elétrica ....

Automóveis "acessíveis" ....

Avião ....

Computador "Eniac" ....

Uso "acessível" da Internet...

2. O que você achou das idéias dos luditas. Seriam ingênuos aqueles homens? Discuta com seus colegas.

3. E no Brasil, quando é que as conquistas trabalhistas foram conseguidas? Pergunte a uma pessoa mais velha ou ao seu professor.

4. Por fim procure saber se no Brasil é comum o emprego da mão-de-obra infantil, e as conseqüências que isso pode gerar. Forme grupos para pesquisar sobre o tema. Levantados os dados, proponha um debate, que deverá acontecer em local previamente escolhido. Convide os colegas de outras classes para assistir. Este tema é muito importante.

Autor da Criação	Ano
J. Mauchly e J. Ecckart, EUA	1946
Mendel	1822
Al Gore, liderou o projeto	1992
C. Darwin	1859
A. Nobel	1866
L. Pasteur, existência dos micróbios	1857
L.-Strauss	1873
T. Edson	1880
S. Dumont	1906
H. Ford	1905

TRABALHO E CONSUMO

Renata Maria Cortez da Rocha

O trabalho é a modificação da natureza operada pelos homens, os quais também se transformam neste processo. Há diversas formas de trabalho na sociedade e cada uma delas tem sua importância.

Em todo produto existe trabalho social. É o que poderemos verificar.

Atividades

1. Vamos começar nossa análise a partir de rótulos. Rótulos dos mais diversos tipos. Alimentos, produtos de limpeza, bebidas. Aqui vai um indicador de roteiro.

   Escolha um produto. Vamos observar, em primeiro lugar, o tipo de produto que você escolheu. É um produto agrícola ou industrial? Isso nos remete a pensar: como é o trabalho na zona rural e na zona urbana?

   Quais são os trabalhadores responsáveis pela origem do produto analisado?

2. Se for um alimento, trace o caminho que ele fez desde a sua plantação, cultivo até a colheita. Quantas mãos colaboraram nesse processo?

E se for um detergente? Podemos pesquisar como são feitos os detergentes, para assim chegarmos aos profissionais que ali trabalharam.

3. Onde foi produzido o elemento que está sendo analisado? Que tal localizarmos no mapa o local onde aquele produto teve sua origem e/ou foi embalado?
Podemos descobrir, em um próximo momento, como é a vida das pessoas naquela região. Que tal uma pesquisa sobre as principais atividades econômicas e os trabalhadores que ali habitam? Talvez o produto seja importado e a sua pesquisa seja mais abrangente, localizando um outro país no mapa e observando suas características econômicas e seus trabalhadores. Interessante, não?

4. Por que um produto veio de tão longe? Podemos conversar com vários professores e com nossos pais sobre esse processo. Como um produto vindo de outro país pode ter um preço competitivo no mercado? Seria isso positivo ou negativo para os trabalhadores brasileiros? Um debate sobre esse assunto seria muito proveitoso.

5. Descubra o preço do produto analisado. Por trás desse preço há impostos. Chame um vereador para falar sobre isso para você e seus colegas. Como são cobrados os impostos sobre os produtos e quais as suas destinações? É importante conhecer as questões tributárias, na construção da cidadania.

Seus conhecimentos de matemática vão ajudá-lo a fazer as contas e as porcentagens dos impostos sobre os produtos.

6. Veja, também, a quantidade do produto que a embalagem contém. Verifique a forma (kg, m, l) de medida e o preço relativo à quantidade do produto naquela embalagem.
Esse tipo de raciocínio é muito útil para escolher o tamanho da embalagem nas próximas compras. Um produto pode custar mais caro, mas ser vantajoso por ter um conteúdo maior.

7. Leia mais detalhadamente o rótulo. Há corantes no produto? Há conservantes? Estabilizantes? Acidulantes?
Podemos, agora, procurar um profissional capaz de explicar o que são corantes, conservantes, estabilizantes e acidulantes e se esses elementos são prejudiciais à saúde. Um químico ou talvez um nutricionista poderia falar sobre isso. Convide-os para falarem na sua classe.
Aproveite para fazer perguntas sobre suas profissões.

8. Observe se há desenhos no rótulo e também de que maneira o nome do produto foi escrito. Há profissionais por trás disso. Descubra o que é uma logomarca. O que é um *slogan*. A conversa sobre isso pode ser com um publicitário, um desenhista, um artista gráfico. Se eles não puderem vir à escola, faça, juntamente com seus

colegas, um roteiro de entrevista e vá até eles. Se possível, leve um gravador e fotografe o profissional dando a entrevista.

9. Depois de o desenho estar pronto, o rótulo precisou ser impresso. Mais profissionais envolvidos. Uma gráfica pode ser visitada e seus funcionários, com certeza, terão muitas informações sobre essa área de trabalho.

10. Olhando ainda o rótulo, veja se há nele um código de barras. Para que servem aquelas barrinhas enfileiradas? Um profissional da área da informática pode muito bem dar tais informações. Já que estamos falando sobre informática, veja se no rótulo há um endereço eletrônico. Uma *homepage*, algo referente à Internet. O profissional em informática poderá explicar o que significa http, www, @ e por que os endereços trazem .com.br ou .org. Quem cria uma *homepage*, e como a faz? Talvez seja possível entrar naquele endereço e ter mais informações sobre o produto.

11. Veja se há um serviço de atendimento ao consumidor. Quase sempre são telefones gratuitos e do lado de lá da linha há alguém trabalhando para tirar dúvidas e dar informações. Talvez um telefonema para um desses números seja uma atividade interessante. Conversar com a atendente pode trazer dados curiosos e significativos sobre o seu tipo de trabalho e as principais coisas que ouve diariamente.

12. Procure no rótulo o símbolo de reciclável. O que ele significa? O que você vem aprendendo em Ciências pode ajudar nisso. Qual o significado daquele símbolo? Como se dá a reciclagem de produtos?
A reciclagem de papel é uma atividade envolvente e útil. Você já fez isso? Se ainda não, procure saber como se faz. Converse com seus professores.

13. Procure agora a data de validade. Ela está especificada no rótulo? Por que é importante observá-la? Por que o tempo de validade varia de produto a produto? Como se estabelece o prazo de validade de um produto? Um padeiro seria um bom profissional para falar sobre isso.

14. Que tipo de doenças um produto vencido pode trazer a um indivíduo? Um médico pode esclarecer essa parte. Aproveite para perguntar por que não se deve comprar uma lata abaulada ou amassada.

15. Depois de tudo isso, há ainda os trabalhadores que transportaram os produtos, carregadores e motoristas. Será que o transporte do produto foi feito por caminhão ou há naquela região outros tipos de transporte como navios, barcos, trens ou aviões?

16. Há aqueles que armazenaram o produto, aqueles que o puseram nas prateleiras, os gerentes de supermercado, os caixas e os empacotadores.

Uma ida ao supermercado possibilita o contato com alguns desses profissionais. Observe a disposição dos produtos nas prateleiras.

Um gerente pode dar boas informações sobre a separação dos produtos por setores e a disposição deles pelos corredores.

17. Veja quantos profissionais apareceram neste projeto.

Podemos apresentar nossas entrevistas e descobertas em painéis, cartazes e apresentações e até trazer profissionais para a sala de aula.

Uma atividade interessante seria criar um produto, produzir a sua embalagem, sua logomarca, seu *slogan* e até apresentar uma peça publicitária sobre ele.

Bibliografia

ANTUNES, Ricardo. *Adeus ao trabalho?* Ensaio sobre as metamorfoses e a centralidade do mundo do trabalho. 6 ed. São Paulo: Cortez; Campinas, SP: Editora da Universidade Estadual de Campinas, 1999.

AQUINO, Rubim S. L., BERNADETE, Maria M. e AIETA, Luíza Siciliano. *Fazendo a História.* 6 ed., Rio de Janeiro, RJ: Ao Livro Técnico, 1994.

BRASIL. MINISTÉRIO DA EDUCAÇÃO E DO DESPORTO -Secretaria de Educação Fundamental. *Parâmetros Curriculares Nacionais.* 1998.

BRECHT, Bertold. *Perguntas de um trabalhador que lê* em *Poemas.* São Paulo, SP: Brasiliense, 1986.

CARMO, Paulo Sérgio do. *A ideologia do trabalho.* São Paulo: Moderna, 1992.

FARIA, Ricardo M., MARQUES, Adhemar M. e BERUTTI, Flávio C. *Construindo a História.* Belo Horizonte, MG: Lê, 1988.

KINDERSLEY, Dorling. *Armas e Armaduras.* Aventura Visual. Título original "Arms and Armour", Globo, 1990.

MARQUES, Adhemar, BERUTTI, Flávio e FARIA, Ricardo. *Os caminhos do homem.* Belo Horizonte, MG: Lê, 1991.

MARX, Karl e ENGELS, Friedrich. *Manifesto Comunista.* Em Laski, Harold J. O manifesto comunista de Marx e Engels. 2 ed., Rio de Janeiro, RJ: Zahar, 1978.

MOTA, Myriam B. *Das cavernas ao terceiro milênio*. São Paulo, SP: 1 ed., Moderna, 1997.

MOURA, Paulo C. *A crise do emprego: uma visão além da economia*. 3 ed. Rio de Janeiro: Mauad, 1998.

RIFKIN, Jeremy. *O fim dos empregos:* o declínio inevitável dos níveis dos empregos e a redução da força global de trabalho. Tradução Ruth Gabriela Bahr; revisão técnica Luís Carlos Merege. São Paulo: Makron Books, 1995.

SACRISTÁN, J. Gimeno e GOMÉZ, A. I. *Compreender e transformar o ensino*. Porto Alegre: Artes Médicas, 4 ed., 1998.

impresso na
press grafic
editora e gráfica ltda.

Rua Barra do Tibagi, 444
Bom Retiro – CEP 01128-000
Tels.: (011) 221-8317 – (011) 221-0140
Fax: (011) 223-9767